दस कविताएँ
ख़ज़ालत के पर्दों के पीछे

कविकुमार सुमित

XpressPublishing
An imprint of Notion Press

XpressPublishing
An imprint of Notion Press

Old No. 38, New No. 6
McNichols Road, Chetpet
Chennai - 600 031

First Published by Notion Press 2020
Copyright © कविकुमार सुमित 2020
All Rights Reserved.

ISBN 978-1-64546-209-5

This book has been published with all efforts taken to make the material error-free after the consent of the author. However, the author and the publisher do not assume and hereby disclaim any liability to any party for any loss, damage, or disruption caused by errors or omissions, whether such errors or omissions result from negligence, accident, or any other cause.

While every effort has been made to avoid any mistake or omission, this publication is being sold on the condition and understanding that neither the author nor the publishers or printers would be liable in any manner to any person by reason of any mistake or omission in this publication or for any action taken or omitted to be taken or advice rendered or accepted on the basis of this work. For any defect in printing or binding the publishers will be liable only to replace the defective copy by another copy of this work then available.

देश सेवा में समर्पित

क्रम-सूची

प्रस्तावना	vii
भूमिका	ix
1. पार्थ प्रार्थना	1
2. शिखर की तू तलाश कर	3
3. तेरा कोई तोड़ नहीं	5
4. माँ धरती कह रही	8
5. ऐसा है हिन्दोस्तां ये दुश्मनों को भा रहा (गीत)	10
6. अभी मैं नन्हा सा बालक (बालगीत)	12
7. वृद्धजन खुली किताब हैं	14
8. लाचारों में (ग़ज़ल)	16
9. ख़ानुम से प्यार (ग़ज़ल)	17
10. तुमने समझ लिया (ग़ज़ल)	18
11. बाद मेरे तुम (ग़ज़ल)	19
12. नज़राना (गीत)	20
13. प्यार बस इतना सा था	21
14. तम कृपा के प्रीति बंधन	24
15. सच पार कर जाता है	26
16. किशोरों की गाथा	28
17. सुनो रे !	31
18. पर्यावरण की रक्षा करो जी	33
19. सरकारें बनती बिगड़ती रहीं	35
20. इस बेहोश	37

• v •

क्रम-सूची

21. ये	38
ऐ बिछड़ रहे लम्हे	39
लेखक परिचय	41

प्रस्तावना

'<u>दस कवितायें</u>' पुस्तक के लेखक (कवि) कविकुमार सुमित हैं | पुस्तक '<u>दस कवितायें</u>' सभी आयुवर्ग के पाठको के लिए संकलित की गयी है, हिंदी साहित्य में एक छोटा सा योगदान प्रेषित करने वाली इस पुस्तक के प्रमुख अंग प्रेम, प्रेरणा, वात्सल्य एवं राष्ट्रप्रेम हैं | कुछ लोग इस जीवन को बहुत ही कठिन ढंग से प्रस्तुत करते हैं, असफलताओं के पश्चात् और अधिक न करने का निर्णय ले लेते हैं एवं जीवन को एक उद्देश्य रहित धारा के रूप में बहने पर मज़बूर कर देते हैं | इस पुस्तक में संकलित कवितायें '*<u>शिखर की तू तलाश कर</u>*' एवं '*<u>तेरा कोई तोड़ नहीं</u>*' ऐसे ही वर्ग विशेष को उद्बोधित करती हैं | नवयुवको को लग रही लत और उनकी जानने की प्रबल इच्छाओं के सुखद और दुखद परिणाम इस पुस्तक में निहित प्रसंगो में से एक हैं | लेखक (कवि) ने जीवन के बहुतेरे सत्यों को सरल हिंदी एवं उर्दू भाषाओँ में उजागर किया है, विशेष रूप से उन दस कविताओं का संग्रह जो लेखक की अब तक की मेहनत और विश्लेषण क्षमता को मूल्यांकित करती हैं, आकर्षक है |

कला और संस्कृति का महान अग्रणी देश किस प्रकार से पाश्चात्य सभ्यता की चपेट में आ गया एवं इसके क्या दुष्परिणाम हैं, कविताओं ने स्पष्ट किया है | क्यूंकि लेखक (कवि) मुख्य रूप से श्रृंगार एवं वीर रसों का प्रतिनिधित्व करता है, अतः इन दोनों रसों की एक मनोरम छटा देखने को मिलती है | 'योग एवं वियोग' का नया संकलन इस पुस्तक का मुख्य प्रस्तुत-करणीय सन्दर्भ है |

"ख़ज़ालत छोड़कर आओ गले मिलते हैं,
बग़ावत छोड़कर आओ गले मिलते है,
इन क़ानूनी दलालों ने ख़ूब चाय पी ली,
अदालत छोड़कर आओ गले मिलते हैं।"

इस पुस्तक को और उन्नत एवं सफल बनाने बावत् आपके सुझाव सदैव सादर आमंत्रित हैं।

भतदीय
कविकुमार सुमित

भूमिका

हम क़श्मकश में रहगए, उनके इन्तेज़ार में,
उन्होंने तो परिवार बसा लिया, ख़ज़ालत के पर्दों के पीछे ।
यूँ तो आँसू पीकर, रातें गुज़ारी हमेशा,
पर आज बोतल पकड़ ली, ख़ज़ालत के पर्दों के पीछे ।

1. पार्थ प्रार्थना

सान्द्र तुष्टि तनु विकार मूर्त स्वप्न देश के,
प्रगति विभव व धारिता शक्ति अश्व देश के |

नहीं नहीं प्रकीर्णता भाव सम समान हैं,
गुणधर्म सत्व निष्ठ प्रमाण दिक् पुराण हैं |

नम नमन कोटि कोटि व्यतिकरण विवेक में,
तरंग सत्य की बहे परि संसार में |

शयन मुक्त कार्यकरण तरलता सदा रहे,
रहित तनाव पृष्ठभूमि आदा प्रदा रहे |

तकनीकी नीति तक जलन तनिक न देह में,
ज्वाल न्याय हेतु हो दुष्ट तिमिर गेह में |

चुनौतियाँ चुनौतियाँ दें मृत्यु भी स्वीकार्य है,
विकास का विकास हो बस यही अनिवार्य है |

रज रज स्वर्ण की रत्न का पाषाण हो,
कान्ति कान्त विष्णु की स्वर्ग का निर्माण हो |

सु संगठन बने मित व्यय भण्डार का,

दस कविताएँ

हिन्दी अजर रहे पट सुविचार का |

2. शिखर की तू तलाश कर

क्यूं रेंगता जमीन पर ,
शिखर की तू तलाश कर,
है कोयला तू रत्न बन ,
बिखर जा खुद तराश कर |

तेरे ह्रदय की अग्निज्वाल,
ज्वालामुखी से तेज हों,
कदम तेरे विवेक के ,
प्रकाश से भी तेज हो |

न बन तू धूर्त याद कर,
टपक रही है छत तेरी,
मीलों दूर बैठ कर माँ,
लिख रही है ख़त तेरी |
उतर-उतर उतर जा अब ,
घमंड के आकाश से,
निकल जा दूर शीघ्रतम,
विनाश के निवास से |
व्यक्तिगत बुराइयों का ,
करदे भूत में दमन,
अनुभवी दिमाग से ,
विकास का विकास कर |

तेरा ईमान सत्य है ,
तो अटकलें पड़ी हैं क्या ?
परमपिता जो साथ है,
साथ की कमी है क्या ?

तू बन चुका जो पात्र है,
हसीं का इस समाज में,
धैर्य की रुई बनाना ,
सीख लेना कर्ण से |

शीलता का वस्त्र और,
धारणा प्रगति की हो,
निकल जा तीव्र वेग से,
बुराईयों को भेदकर |

बना कलम को वज्र ले,
विनम्रता का रथ बना,
गूढ़ ज्ञान कर्म से,
निज कल्पना को सच बना |

3. तेरा कोई तोड़ नहीं

पथरीली राहें हो चाहे,
कंटक की सैया बिछी रहे,
जलती चिनगारी बनकर चलपड़,
जितनी जंज़ीरें खिची रहें |

पलकों पर अश्रु दबाकर,
कष्टों को आँख दिखाकर,
दुश्मन को कर्म सिखाकर,
किस्मत पर माथा फोड़ नहीं|

यदि मन में कोई मोड़ नहीं,
तब तेरा कोई तोड़ नहीं |

देख तुझे क्या रोकेगा,
यह समय तुझे क्या टोकेगा,
दासों दिशाओं की शक्ति मिलेगी,
जब खुद को खुद में झोकेगा |

लाखों कदम तो चल आया है,
यहाँ-वहाँ पर बलखाया है,
आलस है गैरों के घर का,

दस कविताएँ

गैरों से रिश्ता तोड़ यहीं |

यदि मन में कोई मोड़ नहीं,
तब तेरा कोई तोड़ नहीं |

क्या करना है झुण्ड में चलकर,
सपनो को हाँथो में मलकर,
तमगे प्रेमी और सितारे,
मिलते हैं मेहनत में जलकर |

रहे हिमालय शीश झुकाकर,
अपना कद इतना ऊँचा कर,
जो तेरे कद के काबिल न हो,
ऐसे सपनों को छोड़ यहीं |

यदि मन में कोई मोड़ नहीं,
तब तेरा कोई तोड़ नहीं |

पैनी नज़र होगी जिधर,
ध्यान दे तू है किधर,
न हवाओं का तू कर रुख,
मन कहे तू जा उधर |

मौके को खोकर रोने की,
कर्तव्य विमुख हो सोने की,

कविकुमार सुमित

आगे या पीछे होने की,
तुझमे है कोई होड़ नहीं |

यदि मन में कोई मोड़ नहीं,
तब तेरा कोई तोड़ नहीं |

चिड़िया चुनती है घास-घास,
लेकिन तुझको आया न रास,
माँ के अआँचल में छिपता है क्यों,
तू सिंह पुत्र चल घास-घास |

सपने कर स्वर्ण निखरने का,
न कर भ्रम टूट बिखरने का,

यह मानव कोई तोड़ सके,
तू ऐसा कोई जोड़ नहीं |

यदि मन में कोई मोड़ नहीं,
तब तेरा कोई तोड़ नहीं |

4. माँ धरती कह रही

श्वेत शिखा पर और भी ऊपर,
सुरभित पवन है बह रही ।
आओ प्यारे लगा गले लूँ,
छाँह तपन सह रही ॥
माँ धरती............

पीत खेत और बाग़ रंगीले,
मस्त हिंडोले चेहेरे पीले ।
मन सिहरे मानो ये ओले,
कानन में हिरणी मचल रही ॥
माँ धरती...........

पात ढके और खुले लाज से,
कठफोड़वा है व्यस्त काज में ।
सिन्दूरी मेरी मातु आज से,
पनघट में प्यारी भर रही ॥
माँ धरती............

स्वच्छ सुगन्धित रज है,
पतली पगडण्डी ब्रज है ।
प्रीती रंग में रंगी बड़ियाँ,

बस, बंसुरिया मन हर रही ||
माँ धरती..........

मिलन प्रेम की ऋतु है आई,
बैरी कोयल चूक न पाई |
बसंती हिय चतुर चाँदनी,
नव सृजनी ध्वजिका फहर रही ||
माँ धरती...........

5. ऐसा है हिन्दोस्तां ये दुश्मनों को भा रहा (गीत)

अकबरों की जन्मदाता रामजी की पुण्यगाथा,
निज धरा वीरों की माटी वीर इसके हैं विधाता |

कृष्ण वाणी गूंजती है गूँजता मीरा का तर्पण ,
प्रतिकणों प्रतिक्षणों में राजा पुरु की वीर गाथा |

स्वर्ग दुनिया का है माथे पाँव सागर ने पखारा ,
शिशु हो या शिशुपाल कोई गोद में बैठा दुलारा |

स्वर्ण पौधे इस धरा के वृक्षों को पूजा है जाता ,
नीतिबुद्धि की कुशलता दर पे झुकता विश्वमाथा |

छोड़ करके कौम अपनी सारा मज़मा आ रहा,
ऐसा है हिन्दोस्तां ये दुश्मनों को भा रहा |

वेद पृष्ठों उपनिषद से ज्ञान का सागर बनाया,
यू एन ओ की बैठको में तर्क का लोहा बनाया |

हो प्रवासी या विदेशी कष्टों का मोचन किया है,

विश्व के छोटे बड़े सब के ही घर भोजन किया है |

विश्वगुरुता रखता कायम सप्त रंगी देश मेरा,
सप्त भगिनी च द्वाविंशति भ्राताओं का देश मेरा |

यह धरातल देवकल्पित मोर पक्षी गा रहा,
ऐसा है हिन्दोस्तां ये दुश्मनों को भा रहा |

6. अभी मैं नन्हा सा बालक (बालगीत)

अभी मैं नन्हा सा बालक हूँ,
कल तेज़ बड़ा हो जाऊंगा |
अभी मैं सायकल से चलता हूँ ,
कल एयरोप्लेन चलाऊंगा |

एक हाँथ में मेरे कलम है ,
दूजे में कॉपी रखता हूँ |
दिन रात मैं करू पढाई ,
भारत माता की जय कहता हूँ |

मेहनत करके बनूँगा अफसर,

सारे काम कराऊंगा |
सच की लाठी हाथ में लेकर,
भ्रष्टाचार मिटाऊंगा |

आशीर्वाद है आप सभी का ,

कविकुमार सुमित

नाम बड़ा कर जाऊंगा |
आज तो केवल तीन फुट का हूँ,
कल छः फुट का हो जाऊंगा |

छोटा मुँह और बात बड़ी है,
लेकिन सच बात बताऊंगा |
नेताजी जैसा फहराते,
झंडा मैं भी फहराऊंगा ||

7. वृद्धजन खुली किताब हैं

हाँथ में लाठी मन में आशिष,
निर्भय पौधों को सींचें ख्वाब हैं |
समसामयिक इतिहास की बारिस,
वृद्ध जन खुली किताब हैं ||

तर्क-वितर्क भेद न रंजिश,
सब दुर्गुण के दाब हैं |
हंसी ठिठोली न कोई बंदिश,
हर व्यंजन और स्वाद हैं ||

राम राज राह रवि हर्षित,
जाड़े में सुखदायी आग हैं |
लाड़-प्यार मुस्काते सचरित,
रसिक प्रेम के बाग हैं ||

करते क्यूँ इनको हो उपेक्षित,
सब बालक ये बाप हैं |
संगति कर जो होता संचित,

कविकुमार सुमित

दुनिया का बादशाह है ॥

8. लाचारों में (ग़ज़ल)

शायरों में ढूंढा तुझको पाया है सितारों में,
देखो यूं देख के मुझको जा रहे हैं किनारों में |

ये जो लत है लगी इनको नाव बिन पतवारों के,
देखो चढ़े जा रहे हैं पेड़ बिन आधारों के |

घर जो इत्मिना बनाया है देखो कुण्डी है द्वारों में,
दे दो आशीष भी इनको स्वप्न न हों गुबारों में |

जो बुलबुले हैं साबुन के उग गए हैं खारों में,
राह इनकी है नुकीली चल रहे हैं चारों में |

दिन वो भी याद हैं मुझको चल रहे थे ये तारों में,
आज चाहत है तारों की चीज हैं ये व्यापारों में |

लिख रहा हूँ मैं अटपटा पाया मैंने जो यारों में,
सु बन जाएँ मित सभी नाम हो हर दीवारों में |

9. ख़ानुम से प्यार (ग़ज़ल)

जो खानुम से प्यार करके पल भर में ऊब जाया करते है,
डाबर के सिपाही समंदर में जल्दी डूब जाया करते हैं |

बड़ी.बड़ी बातों की समझ उन्हें कैसे आयेगी,
जो छोटी.छोटी बातो पर रूठ जाया करते है |

ये बेताकत कांच तूफानों में क्या टिकेंगे,
जो मुझ हवाओं के झोंको से टूट जाया करते हैं |

ये इंसानियत और इश्क सिखाने से बड़े नहीं होंगे,
छोटे हैंएये गुब्बारे चन्द सांसों में फूट जाया करते हैं |

कभी नहीं मिलता जिन्हें पीने को महफ़िल में,
ज्यादा मचलते है जो एक घुट पाया करते हैं |

10. तुमने समझ लिया
(ग़ज़ल)

घर क्या आ गए तुन्हारे,
तुमने तो आवारा समझ लिया |
पानी ही तो माँगा था,
तुमने बेचारा समझ लिया |

नाकाम होकर दिल की,
बातें बता दी मैंने |
तरस आ गया तुमको, ख़ुद
को मेरा सहारा समझ लिया |

मेरी ग़ैरत पर गौर करके,
नाफ़हम बता दिया |
और उसी को तुमने ,
मेरा गुज़ारा समझ लिया |

नज़ाफ़त से नज़ाकत से,
नफ्ज़ पकड़ते हो |
चश्म-ए-बद्दूर साहेब,
हमने अय्यारा समझ लिया |

11. बाद मेरे तुम (ग़ज़ल)

मेरी खाक ले आना जलने के बाद मेरे तुम,
बस आवाज़ मत देना चलने के बाद मेरे तुम ।

ग़मदीदा मै बिलकुल नहीं ख़ुद को खोकर,
सब मैल गिरा देना मलने के बाद मेरे तुम ।

मेरी नफ्ज़ में तेरी नफ़रत और इश्क़,
शक न करना आग में बदलने के बाद मेरे तुम ।

गुमसुम सी जूतों की रस्सी पतली सी,
समेट लेना फूलों को कुचलने के बाद मेरे तुम ।
आसमान में किसी की शायद सियासत नहीं,
आब-ए-तल्ख़ पी जाना उबलने के बाद मेरे तुम ।

चमन में चराग चमक रहे होंगे तब तक,
दिल में मुझे रखना ढलने के बाद मेरे तुम ।

12. नज़राना (गीत)

जा रहे थे यूँही,
राह में हम |
चुप था संगी मेरा,
चुप भी थे हम ||

पलके उठाई देखा नजारा,
सच न छुपाऊ यारों |
मै था कुंवारा,
आंख हो गयी मेरी गीली जो थी नम ||

आगे बढ़े तो देखा,
दमकता वो तन |
संग - संग उसके यारों,
घुंघुरू की झन-झन ||

सांसे थमी सी मेरी,
दिल में कम्पन |
छा गयी वो मेरे मन में,
होश में न तन ||

13. प्यार बस इतना सा था

प्यास पूरी न जगी थी,
रंग धुंधले थे अभी,
प्यार के पौधे से सींचे,
फूल खिलने थे अभी |

मेरा तुम्हारा प्रीति बंधन,
अनसुने पतझड़ सा था,
स्वप्न देकर दूर जाना,
प्यार बस इतना सा था |

ज़िन्दगी अपनी गुज़ारूँ,
बस तुम्हारी ख्वाहिशों पर,
नाव बन तट पर लगाती,
हर ग़मो की बरिसों पर |

बाँह पर साँसों को छोड़ूँ,
थी मेरी ये कल्पना,
स्वप्न को मिटना ही था,
प्यार बस इतना सा था |

मेरा तुम्हारा प्रीति बंधन,
अनसुने पतझड़ सा था,
स्वप्न देकर दूर जाना,
प्यार बस इतना सा था |
मेरे क़िस्मत में ये बस थे,
चार पल चन्दन भरे,
ख्वाहिशें सिन्दूर की थीं,
माँग में प्रियतम भरे |

मूक मेरी याचना थी,
भाव में करुणा सा था,
भाव मेरा था समझना,
प्यार बस इतना सा था |

मेरा तुम्हारा प्रीति बंधन,
अनसुने पतझड़ सा था,
स्वप्न देकर दूर जाना,
प्यार बस इतना सा था |

कुछ नही था चाहिए,
देते बस मुस्कान अपनी,
वर्षों तक चाहे न मिलते,
न पड़ती मेरी मॉल जपनी |

हाँथ सर पर फेर देना,
मखमली अनुपम सा था,

कविकुमार सुमित

माथ पर चुम्बन खिते,
प्यार बस इतना सा था |

मेरा तुम्हारा प्रीति बंधन,
अनसुने पतझड़ सा था,
स्वप्न देकर दूर जाना,
प्यार बस इतना सा था |

जा रहे हो दूर मुझसे,
याद में रखना सदा,
साथ में संगी मुबारक,
पीछे मुद मत देखना |

व्यंजनों के बीच में,
दिल मेरा चखना ही था,
बर्फ़ खाकर प्यास बढ़ना,
प्यार बस इतना सा था |

मेरा तुम्हारा प्रीति बंधन,
अनसुने पतझड़ सा था,
स्वप्न देकर दूर जाना,

प्यार बस इतना सा था |

14. तम कृपा के प्रीति बंधन

तम कृपा के प्रीति बंधन में हुआ,
सांध्य युग की पूर्णिमा में है धुआं |

जातियों के सर हुए है धर्म की काया बनी,
कोई गैया पूजता है कोई खाकर है धनी |

योग भूला है जमाना क्रन्दनो में खो गया,
वीरता का शौर्य सूरज डूब करके सो गया |

सब की नैया सुर तरल पर आज क्यों है तैरती,
वह धरा जिसने है पाला हो गई है गैर की |

कृत्य ऐसे की डरा दें धर्म को,
नृत्य ऐसे की भगा दें शर्म को |

चंद्रशेखर और भगत की यह धरा तो भ्रष्ट है,
कुर्सियां सब बंट गयी है सारी जनता त्रस्त है |

ग्राम्य जीवन जी रहा हूँ रह गया,

कविकुमार सुमित

कवि तुषारी ऋतु की कविता कह गया |

15. सच पार कर जाता है

गीता में तभी कृष्ण आता है ,
जब पाप का पलड़ा भारी हो जाता है।
यह दीपक नहीं जलाता कोई मानव ,
यह पुण्य है स्वयं जल जाता है ॥

फिर अर्जुन को बुलाया जाता है ,
जब अपना ही कपट कर जाता है।
सारे रिश्ते-नाते छोड़ देता है वह ,
जब धर्म की राह चला जाता है ॥

भीषण मार-काट युद्ध होता है ,
जब नियता अपने घर सोता है ।
संजय तभी पैदा हो जाता है ,
जब धृतराष्ट्र अँधा हो जाता है ॥

मधुसूदन सत्यकर्म को सिखाता है ,
काठ पुतली नृत्य भी नचाता है ।
जब-जब स्वाभिमान पर वार हुआ ,
सुदर्शन भी दौड़ा चला आता है ॥

लाखों खाइयाँ है परीक्षाओं की

कविकुमार सुमित

जिनमे सच झूठ तौला जाता है |
झूठ हर वक्त अटक जाता है
मात्र सच कसौटी पार कर जाता है ||

16. किशोरों की गाथा

दूध के दांत अभी टूटे नहीं,
माँ-बाप के बंधन से अभी छूटे कहीं,

सुबह का कलेवा अभी छूटा नहीं है,
निकलते ही हेरने लगे मधुबाला कहीं है |

घर से निकलते हैं,
स्कूल जाने की खातिर,

काम करते हैं जैसे,
चोर बदमाश शातिर |

घर से पैसे लेकर ये चलते हैं ,
दारू, बीड़ी सट्टे वालों के साथ रहते हैं,

दिखते हैं ऐसे की फूकने से उड़ जाएँ,
बाहर न चले तो छोटे भाई को सताएँ |

प्रतिशब्द मुँह से गाली निकलती है ,
परीक्षा के बाद कॉपी खाली निकलती है,

चुटके कुंजी से अपनी शान बढ़ाते हैं,
मास्टर यदि मारें तो नोट दिखाते हैं |

ग़रकोई सदाचार की बात करता है ,
कहते हैं, चुप कर तेरे भाई का चलता है,

माँ कुछ बोले तो आँख दिखाते हैं,
बाप को देख खाट नीचे छुप जाते हैं |

अरे! मैं पूंछता हूँ ,
कब तक यह तमाशा रहेगा,
कभी न कभी तो राम नाम जपेगा |

उम्र पंद्रह, तीस के काम कर रहे,
स्वयं को तीस मार खाँ समझ रहें |

शिकायत बाप से करो तो कहेंगे,
क्या करें, अपने ही भाग्य मरेंगे |

हम पढ़ाते हैं सारे पैसे उड़ा देते हैं
न करें तो रूठ खाना नहीं खाते हैं |

समझ जा वक़्त है कैसा कमबख्त तू ,
वरना रह जायेगा आहा अहा ऊ..

माँ-बाप के आँखों को झांककर तो देखो,
उनके माह की अब भी पूँछ लो |

छोटी-छोटी बातें अगर ध्यान नहीं देते,
मर जाओगे अफसरों के यहाँ आते-जाते |

हमेशा रहेगी मुँह की खानी,
मज़दूरी, कमाना-खाना , नमस्ते सलामी |

17. सुनो रे !

हे बालकों सुनो हे पालकों सुनो
सुन न सको तो देखकर ही गुणों
कौन कहता है रवि को ?
चन्द्र को धरा को तुम घुमो ?
तपते रहो घुमते रहो,

तारों को चमकते रहो
कौन नदियों को सर को बहते रहो
पर्वतों को कौन अचल रहो
कौन पौधों को वृक्षों को घास को,
पुण्य, दान परोपकार ही करो ?
आज मेरी सुनो कल अपनों की,
न सोचो कभी पराये सपनों की |

मर्यादा पुरुष आये पर वो गए,
कृष्ण आज तक उपदेश देते रहे |
अपनी परछाई को स्थिर करते रहे,
वे प्रतिदिन कल्याण करते चले |

तुम भी अपनी छाप छोड़ सकते हो,
मर कर अमर हो सकते हो |

पूँजी को छोड़ इधर ध्यान दो,
सत्य, धर्म, उपकार पथ पर चलते रहो |

इक दिन इतिहास में नाम आयेगा,
जहाँ तुम्हारे लिखे गीत गायेगा |
सदोपदेश सभी को देते चलो,
कृष्ण, पैगम्बर, ईशू, नाना का पालन करते रहो |

18. पर्यावरण की रक्षा करो जी

देखो देखो क्यूँ रो रहा आसमाँ,
पूँछो पूँछो रोती क्यूँ है धरती माँ ।
रवि की किरणे धुंधली क्यूँ हो रही,
बच के रहना तुम खो न जाओ कहीं ।

फैला फैला अँधेरा है सारा जहाँ,
लागे धुंए सा ये सारा समां ।
सुन लो बनो मत तुम दोषी,
पर्यावरण की रक्षा करो जी।

बिखरा बिखरा कचरा सारा शहर,
घूमे है यम ये सारा पहर ।
झूठ को छोडो पकड़ो सही,
पर्यावरण की रक्षा करो जी ।

उड़ता गगन पे अब है ज़हर,
तूफान आया है कितना ज़बर ।
वैदिक को त्यागना मत कोई,
पर्यावरण की रक्षा करो जी ।

सूनी होती क्यूँ है डगर,
कह दो प्रदुषण अब तू ठहर ।
बृक्ष लगाओ सुनलो सभी,
पर्यावरण की रक्षा करो जी ।

19. सरकारें बनती बिगड़ती रहीं

सरकारें बनती बिगड़ती रहीं,
बीबियाँ झगड़ती रहीं ,
मंहगाई के मर से मानुष,
ये लड़ियाँ टूटकर बिखरती रहीं ।

हिचकियाँ तड़पती ही रहीं,
सौतने भड़कती रहीं,
खुदगर्ज़ शासन सम में यारों,
बिन पानी मछलियाँ तड़पती रहीं ।

यह जवानी जलकर भड़कती रही,
फाइलें यूं ही सरकती रहीं,
इस नए दौर के प्रजातंत्र में,
आँखों में सबकी खटकती रहीं ।

स्त्रियाँ सिर पटकती रहीं,
खून पौधों में छिटकती रहीं,
कसाइयों के जल में उलझकर,
मेरी माँ क्यों बिलखती रही ।

चूड़ियाँ चटकती रहीं,
मेहेरबानी में भटकती रहीं,
इस बेरहम सत्ता में सुनो,
पुकारें गले में अटकती रहीं |

20. इस बेहोश

क्या हस्र हुआ है मेरे देश का,
कैसा कायाकल्प है विदेश का |
मै वर्णन कैसे करूँ मई देशवासियों,
कुछ कहना नहीं इस बेहोश का ||

बुरा हल होता यहाँ निर्दोष का,
यहाँ मीटर भी हो चुका कोस का |
सारा धन मेरा दुआ अब 'गुल' ,
कोई सम्मान नहीं अब सफरोश का ||

यहाँ माहौल कैसा अब जोश का,
कहीं नाम नहीं है अब ओस का |
इन युवाओं का हमारे होगा क्या,
ये भी हो गया बंदी दोष का ||

आधुनिकता ने जकड़ लिया है,
इसने बड़ा बंदोबस्त किया है |
सारा खेल देखने में आयेगा मजा,
जब वध होगा इस बेहोश का ||

21. ये

जिसने बनाया है ये देश,
जिसके कारण है ये वेश,
जिसने सारे निर्माण किए,
आँच तपन और आँधी सहे,
दलित है उसकी क्यों व्यवस्था,
देखो उसकी यह अवस्था |

दिन की धूप, बरसात में,
ये मज़दूर काम करते हैं,
काँटों, पत्थरों की परवाह न करते हुए,
चलें ये पैदल नंगे पावों से,
एक टाइम भोजन मिले,
रात को भूखे ही सोएँ |

मानवता कहाँ भूल जाते हैं,
जब ये शोषित किये जाते हैं,
कहाँ जाते है भाषण आपके,
जो आप प्रायः दे जाते हैं,
भूलिए मत हम है उनसे,
वो अगर गए तो हम नहीं हैं |

ऐ बिछड़ रहे लम्हे

ऐ बिछड़ रहे लम्हे ,
तूने क्या-क्या नही दिया मुझे,
धुप, छाँव, ख़ुशियाँ, गम,
थकान, आराम, धन, हार-जीत
नाप-तौल, दोस्त-दुश्मन सबकुछ,
सब भूल जाते हैं ,लेकिन
मैं नहीं भूलूंगा तुझे |
ऐ बिछड़ रहे लम्हे..

तूने क्या क्या नहीं जताया मुझे,
जनवरी की ठण्ड, ,मार्च की होली,
मई ली गर्मी, अगस्त की बरसात
इन सब से जो जाताना चाहता था
तू ,
अब दिसम्बर में समझ आ गया है,
मुझे |
ऐ बिछड़ रहे लम्हे..

क्या-क्या नहीं छिना तूने,
प्यार, घर, दौलत, रैंक, पद,
ईमान, ज़मीर, बच्चे, आदमी, औरत,
और पता नहीं क्या-क्या,
सब निकल देते है,
लेकिन,

ऐ बिछड़ रहे लम्हे

मेरे दिल में ज़िन्दा रहेंगे ये |
ऐ बिछड़ रहे लम्हे...
तूने वह सबकुछ सिखाया,
जो मेरे लिए था ज़रूरी,
राजनीति, दाव, विनम्रता, सहभागिता,
रफ़्तार, तारीफ और सबसे ज़रूरी,
'झूठ'
बाकी सब का तो पता नहीं,
इन्हें याद रखूँगा ज़हन में |
ऐ बिछड़ रहे लम्हे..

मैंने हर बार सोचा
इस बार आगे निकल जाऊंगा तुझसे,
लेकिन लम्हे तू बड़ा मायावी है,
बस एहसास कराया मुझे,
की मैं आगे हूँ,
हर बार लाखों कदम आगे था मुझसे |
ऐ बिछड़ रहे लम्हे,
ऐ बिछड़ रहे लम्हे..

लेखक परिचय

कविकुमार सुमित (कवि/लेखक)

कविकुमार सुमित का जन्म 1 अप्रैल सन् 1998 को, मध्यप्रदेश के रीवा जिले की 'चौड़ियार' ग्राम पंचायत में हुआ | इनके पिताजी का नाम श्री रामकृष्ण सेन है एवं माताजी का नाम देवी सुनीता सेन है | पिताजी पेशे से शिक्षक हैं एवं समाजसेवी हैं, माताजी गृहणी हैं | प्राथमिक एवं माध्यमिक शिक्षा इन्होने गाँव में ही पूर्ण की, घर में पारिवारिक कलह होने के कारण शिक्षा में अप्रिय परिणामों का अनुमान लगा कर माताजी

लेखक परिचय

छोटी बहन के साथ इन्हें लेकर शहर आ गईं | शहर में ही इन्होने हाईस्कूल एवं मीट्रिक की परीक्षायें प्रथम श्रेणी में उतीर्ण कीं |सन् 2015 में, इनकी लेखन प्रतिभा को देखते हुए मध्यप्रदेश सरकार ने इन्हें <u>राज्य प्रतिभा सम्मान 2015</u>से सम्मानित किया | बचपन से ही काव्य एवं लेखन में रूचि रखने वाले 'लेखक' के निजी एवं काव्य जीवन पर उनके पिताजी की विचार शैली, स्थानीय समाजसेवी श्री सुभाष श्रीवास्तव की भाषण शैली एवं दादाजी की गेय शैली का गहरा प्रभाव है | लेखक(कवि) द्वारा रचनाएँ मुख्यतः श्रृंगार एवं वीर रस में लिखी गयी हैं | इनकी रचनाओं में उर्दू शब्दों का मेल पाठकों को प्रथम दृष्टया ही आकर्षित कर लेता है | कविकुमार सुमित स्थानीय एवं देशी स्तर के साहित्यिक एवं सांस्कृतिक मंचो पर भी अपनी सक्रिय भूमिका निभा रहे हैं | पंद्रह उम्र की आयु से कवितायें लिखने वाले कविकुमार सुमित का मानना है कि "सच में हमारी किस्मत हमारे हाँथो में ही लिखी होती है क्यूँकि सभी कर्मो में करों का ही योगदान रहता है |"

www.ingramcontent.com/pod-product-compliance
Lightning Source LLC
LaVergne TN
LVHW042003060526
838200LV00041B/1850
* 9 7 8 1 6 4 5 4 6 2 0 9 5 *